Ute Andresen

Die Kinder kommen gleich

Die Autorin:

Ute Andresen, zwischen Bremen und Hamburg geboren, studierte Psychologie, Soziologie und Geschichte in Tübingen und Hamburg, anschließend besuchte sie die Pädagogische Hochschule in München. Aus dem »Zufallsberuf« Grundschullehrerin wurde schnell der Idealberuf. Jetzt ist Ute Andresen in der Lehrerausbildung und Lehrerfortbildung in Thüringen tätig. Ihre wichtigsten Fachpublikationen: ›Das erste Schuljahr‹, ›Das zweite Schuljahr‹, ›So dumm sind sie nicht. Von der Würde der Kinder in der Schule‹ und ›Versteh' mich nicht so schnell. Gedichte lesen mit Kindern‹. Für Kinder gab sie u. a. heraus: ›ABC und alles in der Welt‹, ›Bruder Löwenzahn und Schwester Maus‹, die Gedichtesammlung ›Im Mondlicht wächst das Gras‹ und bei dtv junior die beiden Bände ›Mama findet alles‹ und ›Papa im Getümmel‹.

Die Illustratorin:

Susann Opel-Götz, 1963 in Bayreuth geboren, studierte Kunst und Literatur in Frankfurt/Main und München, anschließend absolvierte sie ein weiterführendes Studium im Fachbereich Buchillustration an der Akademie der Bildenden Künste, München. Für dtv junior illustrierte sie u. a. die Bände ›Ich hör' so gern Geschichten‹, ›Annapurna‹ von Klaus Kordon, ›Billi möcht gern Pferde streicheln‹ von Angelika Kutsch und ›Mama findet alles‹ sowie ›Papa im Getümmel‹ von Ute Andresen. Susann Opel-Götz ist inzwischen eine gefragte Kinderbuchillustratorin. Sie zeichnete auch die Bilder zu ›Pedro und die Bettler von Cartagena‹ von Ursula Hasler, ›Max, der Unglücksrabe‹ von Walter Wippersberg und ›6 Eulen und 6 Mäuse‹ von Käthe Recheis.

Ute Andresen

Die Kinder kommen gleich

Mit Bildern von Susann Opel-Götz

Deutscher Taschenbuch Verlag

Von Ute Andresen sind außerdem in der Reihe dtv junior Lesebär erschienen:
Mama findet alles (große Druckschrift), Band 75011
Papa im Getümmel (große Druckschrift), Band 75013

Originalausgabe
April 1992

Umschlaggestaltung: Celestino Piatti
Umschlagbild: Susann Opel-Götz
Gesetzt aus der Garamond 17/22·
Gesamtherstellung: Kösel, Kempten
Printed in Germany · ISBN 3-423-75015-4

Inhalt

Julia kann lesen,
alles kann Julia lesen.
Max kann auch lesen,
aber nur ein Wort.

Das eine Wort
von Max ist:
NEIN.
Max kann das Wort
sogar schreiben.

Max macht sich
viele Zettel.
Auf jeden Zettel
schreibt er groß
das eine Wort:
NEIN.

Einen Zettel klebt Max
an seine Türe:
NEIN.
Mama soll nicht
ins Zimmer kommen.

Einen Zettel klebt Max
an seinen Rucksack:
NEIN.
Julia soll nicht
den Rucksack nehmen.

Einen Zettel klebt Max
an den Fernseher:
NEIN.
Papa soll nicht
Fußball anschauen.

Einen Zettel faltet Max
ganz klein zusammen.
Er steckt den Zettel
in sein Spar-Schwein:
NEIN.
Kein Dieb soll
sein Geld stehlen.

Dann lernt Max
das zweite Wort:
ICH.

Julias Katze

Julia hat eine Katze.
Max hat keine Katze.

Manchmal darf Max
Julias Katze streicheln.
Aber nicht lange.

Manchmal darf Max
mit Julias Katze spielen.
Aber nur ein bißchen.

Wenn Max
Julias Katze streichelt,
schnurrt sie
und will immer mehr.

Wenn Max
mit Julias Katze spielt,
zieht er einen Ball
an einem Faden
durch die Wohnung,
und die Katze
springt hinterher.

Aber Julia
will nicht zusehen.
Sie nimmt ihre Katze
auf den Arm
und streichelt sie
und redet mit ihr.

Max geht zu Mama
und petzt.
Aber Mama
will ihre Ruhe haben.

Max geht zu Papa
und petzt.
Papa nimmt Max
auf den Schoß
und erzählt ihm
von seinen Fischen.

Als Papa ein Junge war,
hatte er ein Aquarium
mit Fischen.

»Weißt du was«,
sagt Papa,
»du kannst dir doch
zum Geburtstag
Fische wünschen!
Mein altes Aquarium
ist noch da.«

»Ach, Papa!«
sagt Max.
»Fische kann man doch
nicht streicheln!«
Max seufzt
und denkt lange nach.

»Gut, Papa!«
sagt Max am Ende.
»Aber meine Fische
füttere nur ich alleine!«
Dann geht Max
zu Julia.

Papa ist böse auf Julia.
Er redet laut.
Er fuchtelt mit dem Löffel
in der Luft herum.

Julia ist böse auf Papa.
Sie redet laut.
Sie rührt mit dem Löffel
in der Suppe herum.

Mama sitzt
zwischen Julia und Papa.
Sie ißt ihre Suppe
und hört zu.

Mal schaut sie Papa an
und hört Papa zu.
Mal schaut sie Julia an
und hört Julia zu.
Mama denkt nach.

Mama sagt lange nichts.
Sie ißt still ihre Suppe.

Dann ist ihr Teller leer.
»So!« sagt Mama.
Sie legt den Löffel weg.
»Beide haben recht!«

Papa und Julia
sehen sich an
und müssen lachen.
Immer sagt Mama:
»Beide haben recht!«

»Danke!« sagt Papa
und ißt seine Suppe.
»Danke!« sagt Julia
und ißt ihre Suppe.
Leider ist die Suppe kalt.

Erziehung

Heute gibt es
Himmel und Erde
zum Mittagessen.

»Gleich kommt Erwin«,
sagt Papa.
Erwin ist Papas Freund.

»Erwin liebt
Himmel und Erde«,
sagt Papa.
»Das riecht er
100 Kilometer weit.«

Und richtig:
Es klingelt
an der Tür.
Vor der Tür
steht Erwin.

»Wie das riecht!«
sagt Erwin.
»Darf ich mitessen?«

Erwin setzt sich
an den Tisch.
Mama gibt Erwin
einen ganz großen Teller
voll Himmel und Erde.

»Wunderbar!«
sagt Erwin.

Und dann
sagt Erwin nichts mehr,
bis sein Teller leer ist.
»Wunderbar!«
sagt Erwin nochmal.

»Kuckt mal her!«
sagt Erwin.
Erwin leckt
seinen Teller ab.
Der Teller wird
ganz blank.

»So etwas«, sagt Erwin
zu Max und Julia,
»dürft ihr niemals tun,
wenn ihr zu Besuch seid.
Merkt es euch!«

»Was soll das?«
fragt Papa.

»Das ist Erziehung!«
sagt Erwin.
»Ich wollte
es ihnen nur zeigen.«

»Meinst du das?«
fragt Julia
und leckt auch
ihren Teller ab.

»Ganz genau!«
sagt Erwin.

»Und Max«,
fragt Erwin,
»hast du mich auch
richtig verstanden?«

»Aber klar!«
sagt Max.
»Ich bin doch schon fertig.«
Max zeigt seinen Teller.
Er ist ganz blank.

»Brave Kinder!«
sagt Erwin.
»Gut erzogen!«

Wuff und Wau

Das Telefon läutet.
Julia geht ran
und meldet sich.
»Für dich!« sagt Julia
und hält Papa
den Hörer hin.

Papa geht ran
und meldet sich.
Dann ist Papa still
und hört lange zu.

Im Telefon bellt
eine laute Stimme.
Papa kneift den Mund
ganz fest zusammen.

Julia nimmt
Papas Hand
und streichelt sie.

Die Stimme
im Telefon
bellt weiter.

»Laß ihn!«
sagt Julia.

Papa atmet
tief ein,
und langsam,
ganz langsam
atmet er
wieder aus.

Julia drückt
Papas Hand.
Papa lächelt
ihr zu.

»Danke!« sagt Papa.
»Darüber werde ich
einmal nachdenken.«
Mehr sagt Papa nicht.
Er wartet nur.

Im Telefon
ist es still,
eine ganze Weile
ist es still.
Niemand bellt mehr.

Dann knackst es.
Der andere ist weg.
»Flegel!« sagt Papa
und legt auf.
Papa drückt Julias Hand.

»Wuff!« macht Julia
und schnappt nach Papa.
»Wau!« macht Papa
und schnappt zurück.
Und dann spielen sie
zwei wilde Hunde.

Die Kinder kommen gleich

Tante Gerti ist da!
Tante Gerti sitzt
mit Mama und Papa
auf dem Sofa
und wartet.

»Wo bleiben denn
die lieben Kleinen?«
flötet Tante Gerti.
Sie lächelt süß.

»Ich hole sie!«
sagt Papa.
Papa steht auf
und geht raus.

Tante Gerti und Mama
sitzen auf dem Sofa
und warten.

»Die lieben Kleinen!«
säuselt Tante Gerti
und lächelt süß.
Mama sagt nichts.

Julia und Max
wollen nicht kommen.
Das weiß Mama
ganz genau.

Julia hat gesagt:
»Tante Gerti spinnt!«
Und Max sagte:
»Die mag ich nicht!«

Papa kehrt zurück.
Er lächelt schief.
»Die Kinder kommen gleich!«
sagt Papa.

Papa ist wütend.
Mama ist sauer.
Tante Gerti lächelt süß.
Sie warten
und warten.

»Wo sie nur bleiben?«
seufzt Tante Gerti.
»Ich hole sie!«
sagt Mama
und springt auf.
Sie geht raus.

Tante Gerti und Papa
sitzen auf dem Sofa
und hören Geschrei
in der Ferne.

Tante Gerti lächelt süß.
Papa schweigt.

Mama kehrt zurück.
»Die Kinder kommen gleich!«
sagt Mama
und lächelt gequält.

Mama ist wütend.
Papa ist sehr wütend.
Tante Gerti
lächelt zuckersüß.
Sie warten und warten.

Es klopft.
»Die lieben Kleinen!«
juchzt Tante Gerti.
»Kommt rein!«
brüllt Papa.
Die Türe öffnet sich.

Das sind nicht
Max und Julia!

Eine feine Dame
stöckelt herein.
Ein eleganter Herr
schlurft ihr nach.

»Die Kinder kommen gleich!«
flötet die feine Dame
und lächelt zuckersüß.
Der elegante Herr
grinst breit.

Krach mit Mama

Max ist böse.
O, so böse ist Max!
Mama will nicht,
was Max will.
Max will nicht,
was Mama will.

Und Mama
sitzt am Tisch
und arbeitet
und singt dazu.

Max hält sich
die Ohren zu.
Trotzdem hört er,
wie Mama singt.

Max brummt
in sich hinein.
Trotzdem hört er,
wie Mama singt.

Max geht
in das andere Zimmer.
Trotzdem hört er
durch die Türe,
wie Mama singt.

Max kriecht
in sein Bett
unter die Decke.

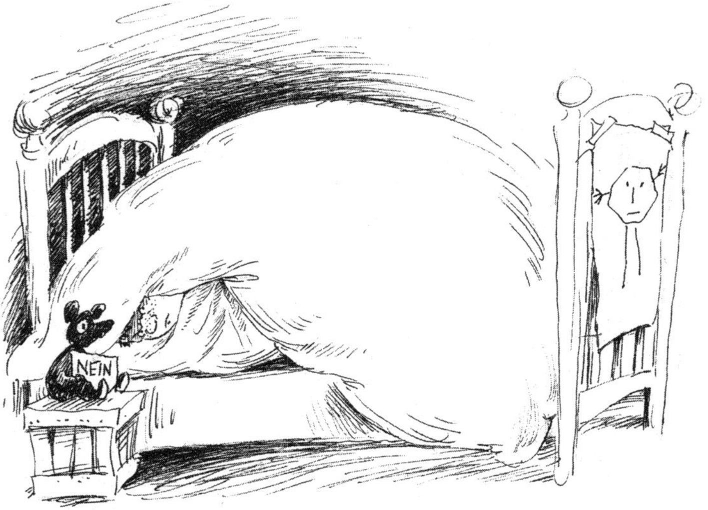

Endlich
hört er nicht mehr,
wie Mama singt.

Max grübelt
und grübelt.
Warum ist Mama
immer so gemein?
Warum ist Mama
immer so stur?
Warum ist Julia
immer nicht da?
Warum singt Mama,
wenn Max böse ist?

Max steht auf
und geht zu Mama.
Er ist sehr böse.

»Wenn Julia kommt«,
sagt Max zu Mama,
»dann geh ich mit Julia
in den Wald,
und dann
verlaufen wir uns,
und dann
bist du keine Mama mehr!«

Mama hört auf
mit dem Singen.
»Nein, bitte nicht!«
sagt Mama.
Und dann nimmt sie
ihren Max
ganz, ganz fest
in die Arme.

Max weint ein bißchen.
Und Mama tröstet
ihren lieben Max.

Draußen schneit es.
Julia und Max
sollen schlafen.
Und vorher soll Papa
etwas erzählen.

Papa fängt an:
»Wenn wir morgen früh
ganz und gar
eingeschneit sind,
was machen wir dann?«

»Dann bleiben wir daheim
und essen Pfannkuchen
von morgens bis abends!«
sagt Julia.
»Nicht schlecht!«
sagt Papa.
»Was noch?«

»Dann bleiben wir
den ganzen Tag lang
im Bett
und ziehen uns
überhaupt nicht an!«
sagt Max.
»Wie gemütlich!«
sagt Papa.
»Was noch?«

»Dann liest du mir
ohne zu meckern
alle meine Bücher vor«,
sagt Max.
»Nicht alle!«
sagt Papa.
»Fünf sind genug.
Was noch?«

»Dann spielst du
auf der Gitarre
und singst uns was vor«,
sagt Julia.
»Ach herrjemine!«
sagt Papa.
»Ich habe so lange
nicht mehr gesungen.
Was noch?«

»Dann raufen wir
alle gegen dich,
und wir sind stärker«,
sagt Max.
»Drei gegen einen,
das ist feige!«
sagt Papa.
»Was noch?«

»Dann kannst du
keine Zeitung lesen,
weil der Bote
mit der Zeitung
nicht kommt«,
sagt Julia.
»Wie langweilig!«
sagt Papa.
»Was noch?«

»Dann nimmst du
die große Schaufel
und schaufelst für uns
einen Weg frei!«
sagt Mama.
»Immer ich!«
sagt Papa.
»Was noch?«

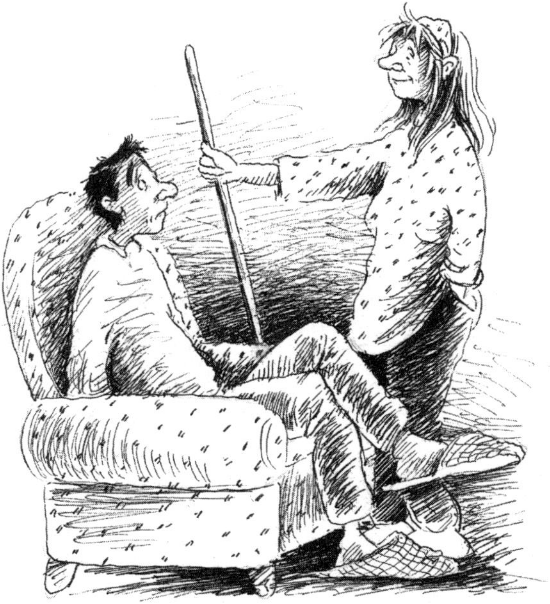

»Es schneit nicht mehr!«
sagt Max.
»Ein Glück!!!«
sagt Papa.
»Gute Nacht!«